2-2

예쁜 글씨체 / 받아쓰기 / 원고지 사용법 / 예습 복습

국어 교과서 따라

예쁘게 글씨 쓰기

담터미디어

어린이 여러분과 학부모님께

　이 책은 초등학교 2학년의 국어 교과서 읽기, 쓰기에 맞추어 아름다운 우리글을 제대로 익힐 수 있도록 구성하였습니다.
　교과서에서 단원별로 다루는 중요한 핵심 글자나 낱말, 문장들을 뽑아 읽고 쓰는 연습을 충분히 하여 자연스럽게 예습과 복습이 되도록 꾸며졌습니다.

　오늘날에는 텔레비전이나 컴퓨터가 일상 생활화되면서부터 말과 글은 빨리 익히는 데 비해 글씨는 바르고 예쁘게 쓰지 못하는 경우가 많아지는 것 같습니다. 여러 가지 놀잇감과 편리한 도구의 발달 때문에 직접 글씨를 쓸 기회가 점점 줄어들어서 더욱 그런 것이겠지요.

　어린이 여러분, 예쁜 글씨는 한 자 한 자 정성 들여 따라 쓰고 익히다 보면, 점점 예쁘고 바른 글씨체로 바뀌며 마음도 안정되고 집중력도 길러진답니다.
　또한, 아름답고 고마운 우리글을 올바르게 사용할 수 있으려면, 의미만 통하도록 간단히 줄여서 쓰거나 소리 나는 대로 제멋대로 적는다거나 해서는 안 되겠지요. 글씨를 바르고 예쁘게 쓰는 것도 중요하지만 올바른 글을 쓰는 습관도 매우 중요하답니다.

　국어 교과서 순서에 따라 구성하였기 때문에 학교 수업 진도에 맞게 미리미리 공부하며 글씨체도 예쁘게 바로잡아 주고, 받아쓰기와 원고지 사용법 등을 재미 있고 쉽게 익힐 수 있도록 구성하였습니다.

이렇게 꾸며져 있어요.

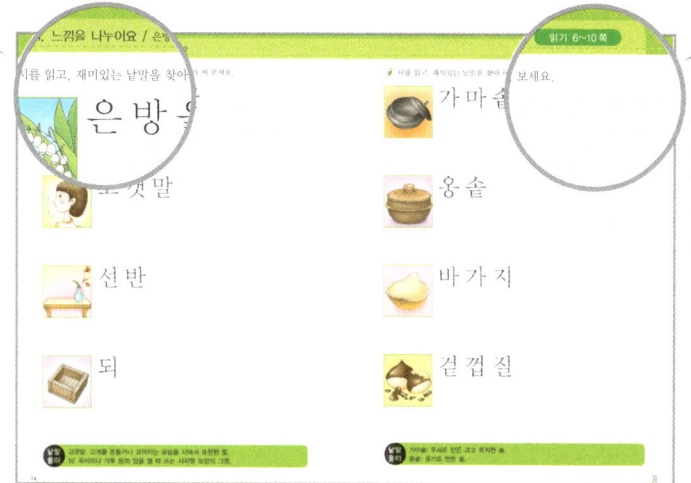

국어 교과서의 단원에 맞추어서 꾸며져 있으므로, 학교 진도에 맞게 받아쓰기와 예습, 복습을 할 수 있어요.

교과서의 과목별 쪽수를 표기해서, 내용을 쉽게 찾아 예습, 복습할 수 있도록 구성하였습니다.

교과서에 나오는 비슷한 말과 틀리기 쉬운 낱말이나 문장들의 쓰기 연습을 통해 예쁜 글씨도 익히고, 받아쓰기에도 대비할 수 있어요.

그림을 넣어서 낱말의 뜻을 이해하기 쉽게 구성했으며, 쓰기 연습을 하는 데도 지루하지 않도록 했답니다.

낱말 풀이를 바로바로 할 수 있도록 했어요.

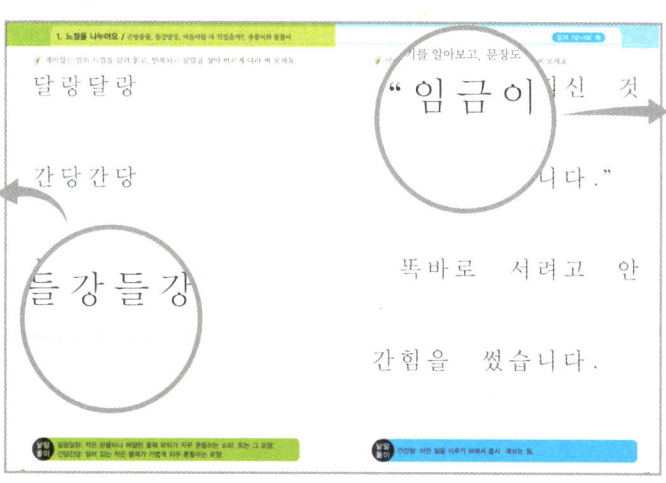

네모 칸 안에 딱 맞게 쓰기 연습이 많이 되도록 구성되어 있으므로, 글자 모양과 크기가 일정해지면서 점점 예쁘고 바른 글씨로 바뀌게 될 것입니다.

문장들을 뽑아 원고지의 쓰기와 똑같게 쓰는 연습을 충분히 하여 원고지 사용법을 익힐 수 있도록 했습니다.

한글의 기본 모양을 익혀 보세요.

한글은 자음과 모음이 서로 조화롭게 합쳐져 그 모양이 만들어진 글자입니다.
쓰기의 기본이 되는 자음과 모음을 먼저 익히고 낱말과 문장 쓰기의 순서대로 익혀 보세요.
꾸준히 한 자 한 자 따라 쓰기 연습을 하다 보면 예쁘고 바른 글씨체를 쓸 수 있답니다.

★ ◁ 모양의 글자를 익혀 보세요.

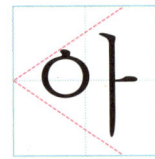 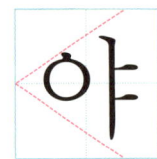   

▶ 이렇게 ㅏ, ㅑ, ㅓ, ㅕ, ㅣ의 모음과 합친 글자는 ◁ 모양에 맞추어 씁니다.

★ △ 모양의 글자를 익혀 보세요.

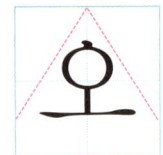  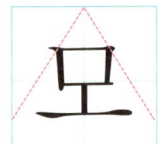  

▶ 이렇게 ㅗ, ㅛ, ㅡ 의 모음과 합친 글자는 △ 모양에 맞추어 씁니다.

★ ◇ 모양의 글자를 익혀 보세요.

    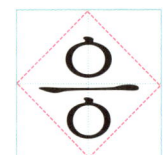

▶ 이렇게 ㅜ, ㅠ 의 모음 이거나 ㅗ, ㅛ, ㅜ, ㅠ, ㅡ 의 모음에 받침이 있는 글자는 ◇ 모양에 맞추어서 씁니다.

✏️ 한글은 모음의 기본 형태에 따라 글자의 모양이 결정되는 경우가 많으므로 앞에 나온 세 가지의 기본 모양을 열심히 연습하여 예쁘고 바른 글씨체를 가질 수 있도록 해 보세요. 아래 낱말들도 따라 쓰며 글자의 기본 모양을 한 번 더 익혀 보세요.

그림을 통해 바른 자세를 알아보아요.

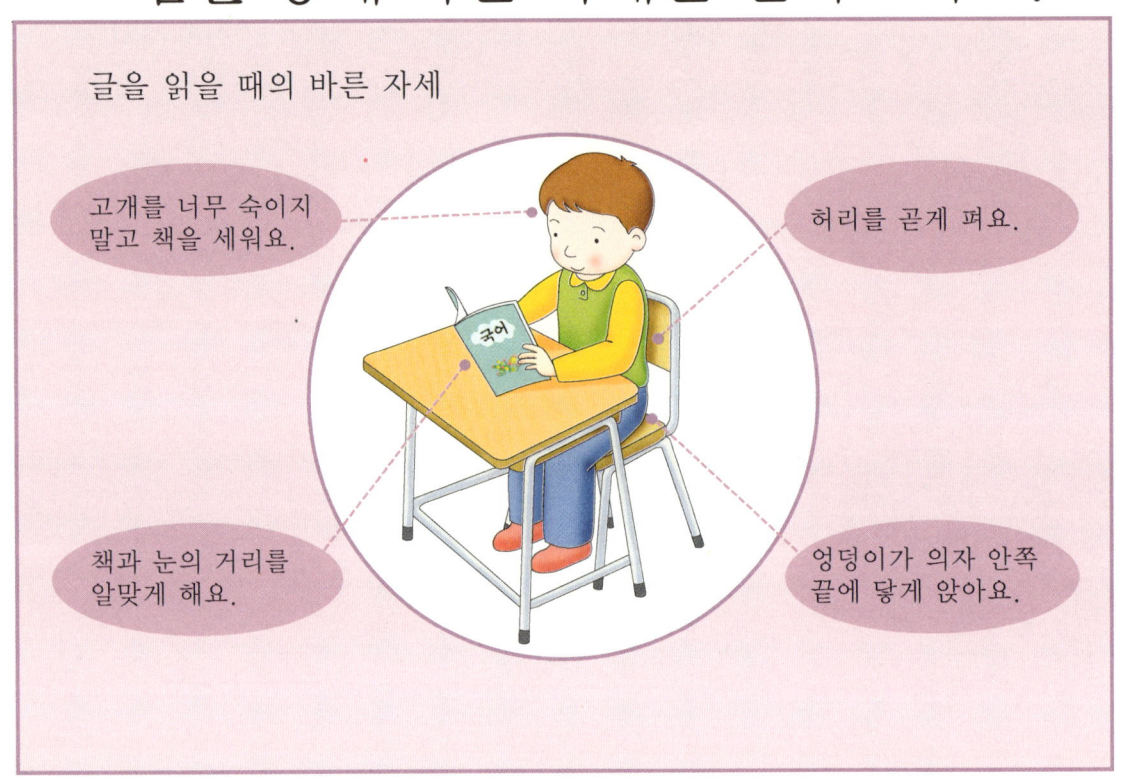

글을 읽을 때의 바른 자세

- 고개를 너무 숙이지 말고 책을 세워요.
- 허리를 곧게 펴요.
- 책과 눈의 거리를 알맞게 해요.
- 엉덩이가 의자 안쪽 끝에 닿게 앉아요.

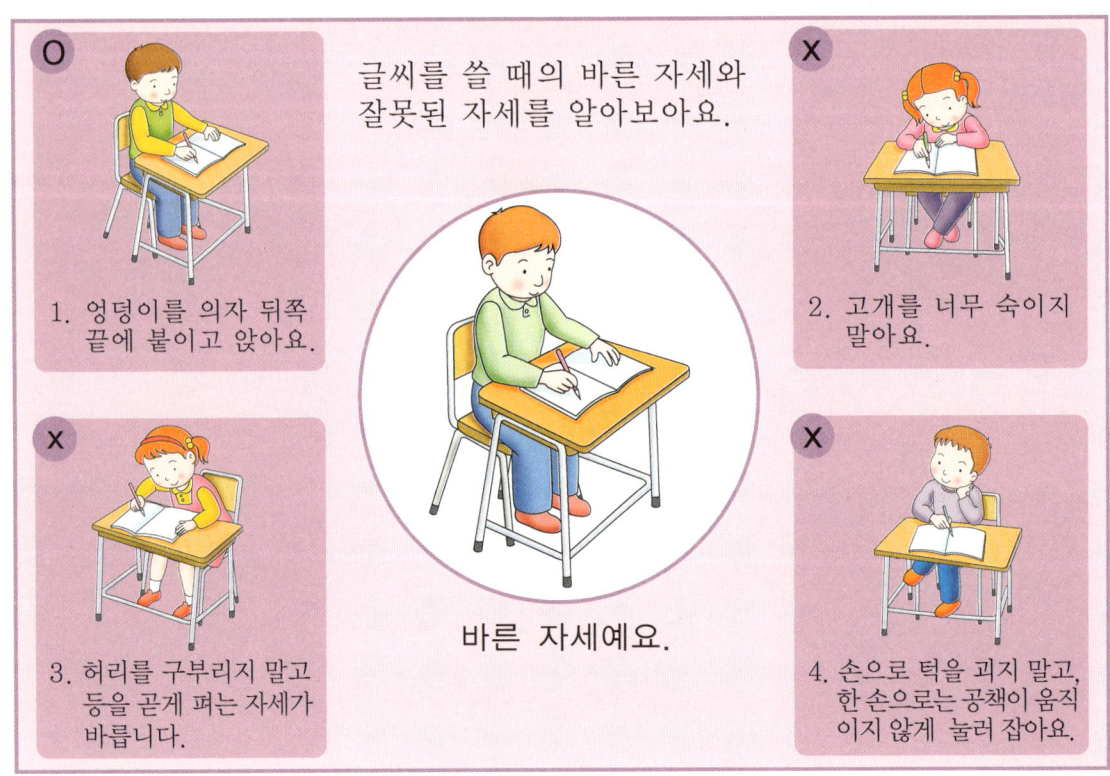

글씨를 쓸 때의 바른 자세와 잘못된 자세를 알아보아요.

바른 자세예요.

1. 엉덩이를 의자 뒤쪽 끝에 붙이고 앉아요.
2. 고개를 너무 숙이지 말아요.
3. 허리를 구부리지 말고 등을 곧게 펴는 자세가 바릅니다.
4. 손으로 턱을 괴지 말고, 한 손으로는 공책이 움직이지 않게 눌러 잡아요.

그림을 통해 바른 자세를 알아보아요.

글을 읽을 때의 바른 자세는 어떤 것일까요?

글씨를 쓸 때의 바른 자세는 어떤 것일까요?

그림을 통해 연필 쥐는 법을 익혀 보세요.

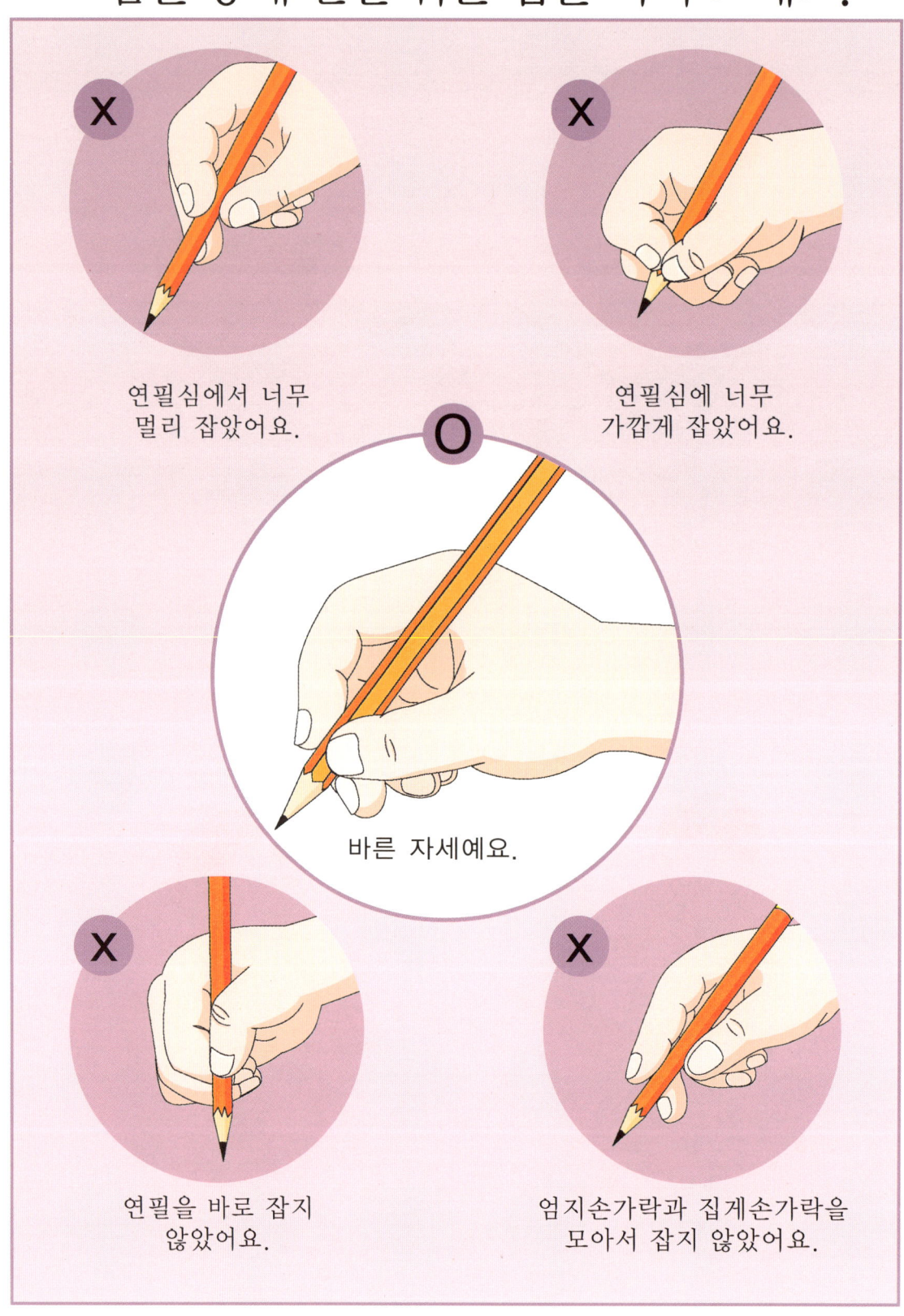

연필 쥐는 법과 좋은 점을 배워 보세요.

이렇게 하면 예쁘고 바른 글씨를 쓸 수 있어요.

1. 연필을 가운뎃손가락으로 받치고, 집게손가락을 약간 구부려 엄지손가락과 모아서 잡아요.
2. 연필은 너무 세우지 말고 공책과 연필의 각도가 30도 정도 뒤로 기울게 잡아요.
3. 연필을 너무 내려 잡거나 올려 잡지 않아요.
4. 적당히 힘을 주어 잡습니다. 힘을 너무 주면 팔목이 아파요.
5. 글씨를 빨리 쓰려고 하지 말고, 모양에 맞도록 천천히 쓰는 연습부터 합니다.

바른 자세로 연필을 잡고 글씨를 쓰면 이런 점이 좋아요.

지금까지 바른 자세와 예쁘게 글씨 쓰는 법을 배웠어요. 바른 자세로 연필을 바르게 잡고 글씨를 쓰면 바르고 예쁜 글씨를 쓸 수 있을 뿐만 아니라 오랫동안 글씨를 써도 손과 허리가 아프지 않아요.
그럼 이제 바른 자세로 앉아 연필도 바르게 쥐고 글씨를 써 보세요.

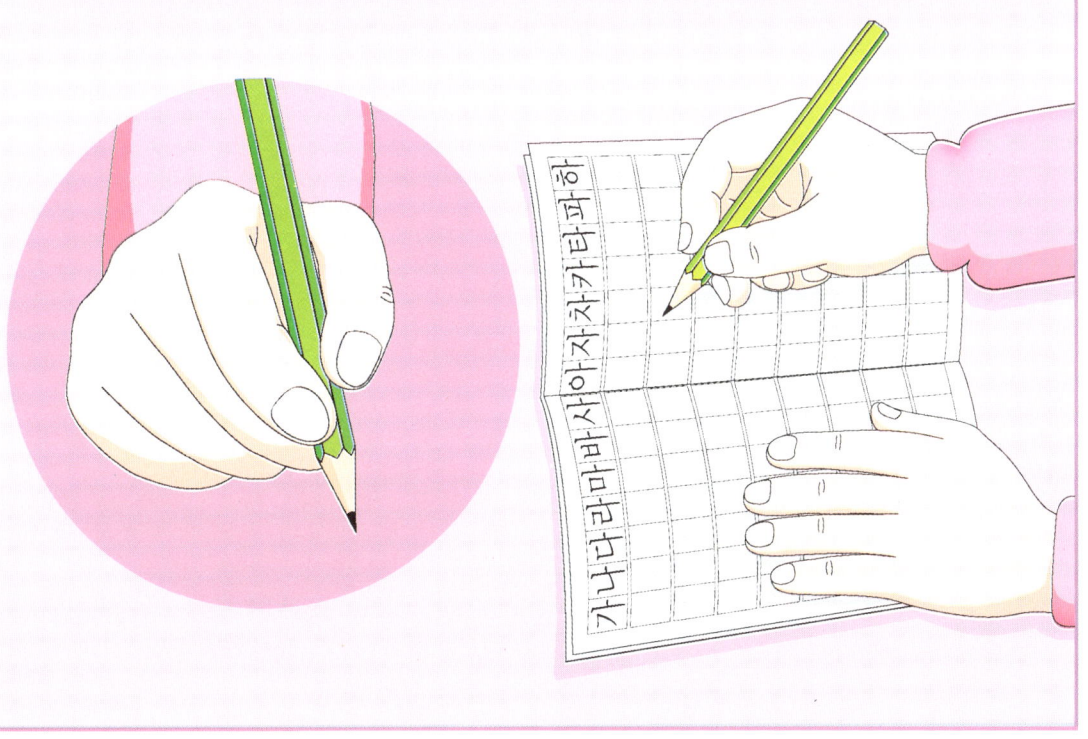

원고지 사용법을 익혀 보세요.

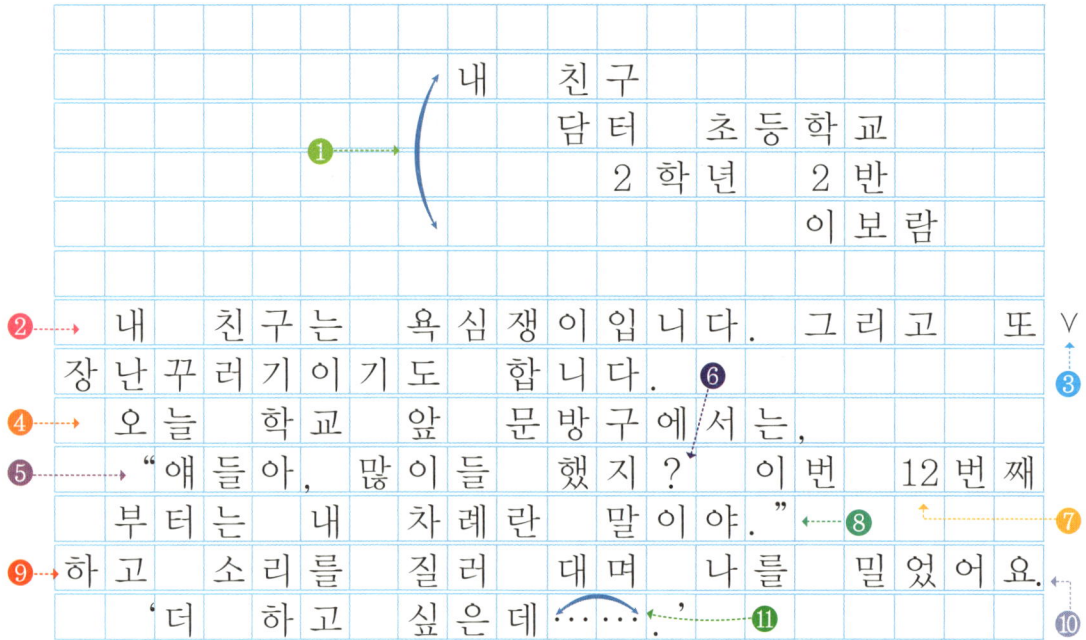

1. 둘째 줄 가운데에 제목을 쓰고, 학교 이름은 셋째 줄의 뒤에서 3칸 정도 남겨 두고 써 주세요. 학년과 반은 넷째 줄의 뒤에서 3칸 정도 남겨 두고 쓰고, 이름은 다섯째 줄에 쓰는데 뒤에서 2칸을 남겨 둡니다.

2. 본문은 이름 밑에 1행을 띄우고 써요. 문장이 시작될 때는 항상 첫 칸을 비우는데, 이어진 문장을 쓸 때는 첫 칸을 비우지 않고 이어서 씁니다.

3. 오른쪽 끝에서 낱말과 낱말을 띄어 써야 할 때는 다음 행 왼쪽 첫 칸은 비우지 않고 임의로 옆에 띄어쓰기 표시(∨)만 해 줍니다.

4. 글의 내용이 바뀔 때는 줄을 바꾸어 쓰고, 첫 칸은 반드시 비워 둡니다.

5. 대화 글의 큰따옴표(" ")와 작은따옴표(' ')는 앞의 한 칸을 비워 쓰고, 글은 셋째 칸부터 씁니다. 그리고 다음 줄부터는 둘째 칸부터 글을 씁니다.

6. 물음표(?)와 느낌표(!)는 한 칸에 쓰고, 다음 칸은 반드시 비워 둡니다. 따옴표와 함께 쓸 때는, 따옴표를 바로 다음 칸에 써 줍니다.

7. 숫자는 한 칸에 두 자씩 씁니다.

8. 온점(.)과 반점(,)은 한 칸에 쓰고, 다음 칸은 비우지 않아요. 온점과 따옴표는 한 칸 안에 함께 써 줍니다.

9. 대화 글이나 혼잣말의 뒤에 나오는 문장이 앞에 있는 문장과 이어지면 첫째 칸부터 쓰고, 문장이 이어지지 않고 새로 시작되면 둘째 칸부터 씁니다.

10. 문장이 맨 끝 칸에서 끝났을 때, 온점과 반점은 마지막 글자와 한 칸에 함께 쓰고, 물음표와 느낌표는 임의로 한 칸을 옆에 더 그려 주고 그곳에 씁니다.

11. 줄임표는 한 칸에 세 개씩 나누어 두 칸에 찍습니다.

차 례

들어가기
- 2학년 어린이들에게 ………………… 4
- 이렇게 꾸며져 있어요 ……………… 5
- 한글의 기본 모양 익히기 …………… 6
- 바른 자세 익히기 …………………… 8
- 연필 쥐는 법 익히기 ………………… 10
- 원고지 사용법 ………………………… 12

느낌을 나누어요
- 재미있는 낱말 익히기 ………………… 14
- 반복되는 낱말 익히기 ………………… 16
- 기분과 마음이 들어 있는 낱말 ……… 20
- 기분과 마음이 들어 있는 문장 ……… 22

바르게 알려 줘요
- 새로 알게 된 내용의 낱말 …………… 26
- 속담과 낱말의 뜻 익히기 …………… 32
- 뜻이 비슷한 낱말 익히기 …………… 34
- 소개하는 글과 내용 익히기 ………… 38

생각을 나타내요
- 인물이 한 일과 낱말 익히기 ………… 42
- 문장 부호 익히기 …………………… 46
- 생각과 까닭이 나타난 글 …………… 50
- 부탁하는 글쓰기 방법 ………………… 56

마음을 주고받으며
- 마음이 나타난 부분 익히기 ………… 58
- 마음을 생각하며 낱말 익히기 ……… 62
- 마음이 나타난 글의 문장 …………… 68
- 초대하는 글쓰기 방법 ………………… 72

어떻게 정리할까요?
- 내용을 정리하는 방법과 낱말 ……… 74
- 내용을 정리하는 방법과 문장 ……… 78
- 낱말 사이의 관계 익히기 …………… 80
- 설명하는 글쓰기 방법 ………………… 88

하고 싶은 말
- 의견을 생각하며 낱말 익히기 ……… 90
- 의견을 생각하며 문장 익히기 ……… 92
- 의견이 다른 낱말과 문장 …………… 94
- 주장하는 글쓰기 방법 ………………… 104

재미가 솔솔
- 느낌을 살려 읽고 익히기 …………… 108
- 이어질 이야기와 문장 ………………… 112
- 이어질 내용과 낱말 …………………… 114
- 이어질 내용과 문장 …………………… 116

1. 느낌을 나누어요 / 재미있는 낱말 익히기

✏️ 시를 읽고, 재미있는 낱말을 찾아 바르게 따라 써 보세요.

낱말 풀이
고갯말: 고개를 흔들거나 끄덕이는 모습을 시에서 표현한 말.
되: 곡식이나 가루 등의 양을 잴 때 쓰는 사각형 모양의 그릇.

📝 시를 읽고, 재미있는 낱말을 찾아 바르게 따라 써 보세요.

가마솥

옹솥

바가지

겉껍질

 낱말 풀이
가마솥: 무쇠로 만든 크고 묵직한 솥.
옹솥: 옹기로 만든 솥.

읽기 6~15쪽

✏️ 느낌을 살려 시를 읽고, 반복되는 낱말을 찾아 바르게 따라 써 보세요.

올랑졸랑

들락날락

노릇노릇

쫄깃쫄깃

낱말 풀이
노릇노릇: 군데군데 노르스름한 모양.
쫄깃쫄깃: 씹히는 맛이 매우 차지고 질긴 듯한 느낌.

1. 느낌을 나누어요 / 반복되는 낱말 익히기

✏️ 재미있는 말의 느낌을 살려 읽고, 반복되는 낱말을 찾아 바르게 따라 써 보세요.

낱말풀이
야들야들: 반들반들 윤기가 돌고 보들보들한 모양.
가득가득: 분량이나 수효 따위가 어떤 범위나 한도에 여럿이 다 또는 매우 꽉 찬 모양.

읽기 12~20쪽

📝 재미있는 말의 느낌을 살려 읽고, 반복되는 낱말을 찾아 바르게 따라 써 보세요

깡충깡충

냠 냠

후드득후드득

후루룩

낱말
풀이
후드득: (굵은 빗방울 따위가) 성기게 떨어지는 소리.
후루룩: 새 따위가 날개를 가볍게 치며 갑자기 날아가는 소리. 또는 그 모양.

1. 느낌을 나누어요 / 기분과 마음이 들어 있는 낱말

✏️ 인물의 기분이나 마음을 생각하며 낱말을 바르게 따라 써 보세요.

| 낱말 풀이 | 옹달샘: 작고 오목한 샘.
종달새: 종다릿과의 텃새, 노고지리라고도 한다. |

읽기 16~20쪽

✏️ 인물의 기분이나 마음을 생각하며 낱말을 바르게 따라 써 보세요.

낱말 풀이
단풍잎: 가을에 붉은 빛이나 누런 빛으로 단풍이 든 잎.
은행잎: 은행나무의 잎. 가을에 누런 빛으로 물들고 열매는 식용이나 약용으로 쓴다.

1. 느낌을 나누어요 / 기분과 마음이 들어 있는 문장

✏️ 이야기를 읽고, 기분이나 마음을 생각하며 문장을 바르게 따라 써 보세요.

목마른 동물에게

어떻게 하였나요?

동물들은 왜 까맣게 잊었나요?

낱말풀이 까맣게: 거리나 시간이 아득하게 멀다. '가맣다'보다 센 표현임.

📝 이야기를 읽고, 기분이나 마음을 생각하며 문장을 바르게 따라 써 보세요.

　자세히 보아야 예쁘다.

　오래 보아야 사랑스럽다.

 오래: 시간이 지나가는 동안이 길게.

1. 느낌을 나누어요 / 기분과 마음이 들어 있는 문장

✏️ 이야기를 읽고, 기분이나 마음을 생각하며 문장을 바르게 따라 써 보세요.

선생님께서 어떻게 ✓

칭찬해 주셨나요?

친구들과 무엇을

하고 있었나요?

낱말풀이 칭찬: 좋은 점이나 착하고 훌륭한 일을 높이 평가함. 또는 그런 말.

✏️ 이야기를 읽고, 기분이나 마음을 생각하며 문장을 바르게 따라 써 보세요.

　언제　어디에서　있었던　일인가요?

　어떤　생각과　느낌이　들었나요?

 낱말풀이: 느낌: 몸의 감각이나 마음으로 느끼는 기운이나 감정.

2. 바르게 알려 줘요 / 새로 알게 된 내용의 낱말

✏️ 글을 읽고, 새로 알게 된 내용을 알아보고 낱말도 바르게 따라 써 보세요.

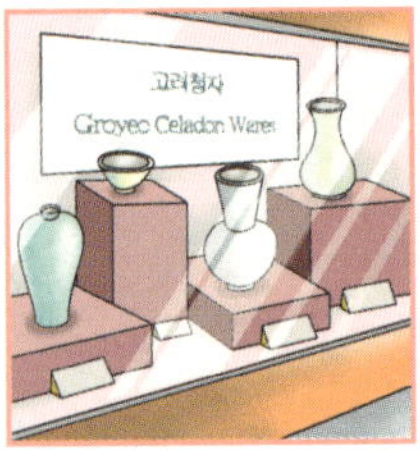

전시실

모두

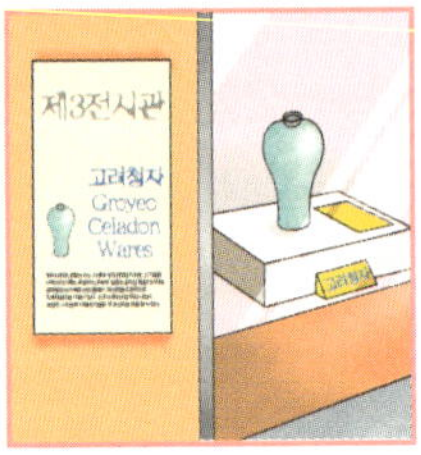

안내문

전부

낱말
풀이
전시실: 물품을 차려 놓고 보이는 방.
안내문: 안내하는 내용을 적은 글.

읽기 23~26쪽

✏️ 글을 읽고, 새로 알게 된 내용을 알아보고 낱말도 바르게 따라 써 보세요.

낱말 풀이
악기: 음악을 연주하기 위해 쓰는 기구의 총칭.
무기: 전쟁에 쓰는 온갖 기구. 병기.

2. 바르게 알려 줘요 / 새로 알게 된 내용의 낱말

✏️ 낱말의 뜻에 대하여 알아보고 바르게 따라 써 보세요.

낱말풀이 속담: 예로부터 민간에 전하여 오는 쉬운 격언이나 잠언.

읽기 31~32쪽

✏️ 뜻이 비슷한 낱말을 생각하며 바르게 따라 써 보세요.

교훈

가르침

씁니다

사용합니다

 낱말 풀이
교훈: 앞으로의 행동이나 생활에 지침이 될 만한 가르침.
가르침: 도리나 지식, 사상, 기술 따위를 알게 함. 또는 그 내용.

2. 바르게 알려 줘요 / 속담과 낱말의 뜻 익히기

✏️ 낱말의 뜻에 대하여 알아보고 바르게 따라 써 보세요.

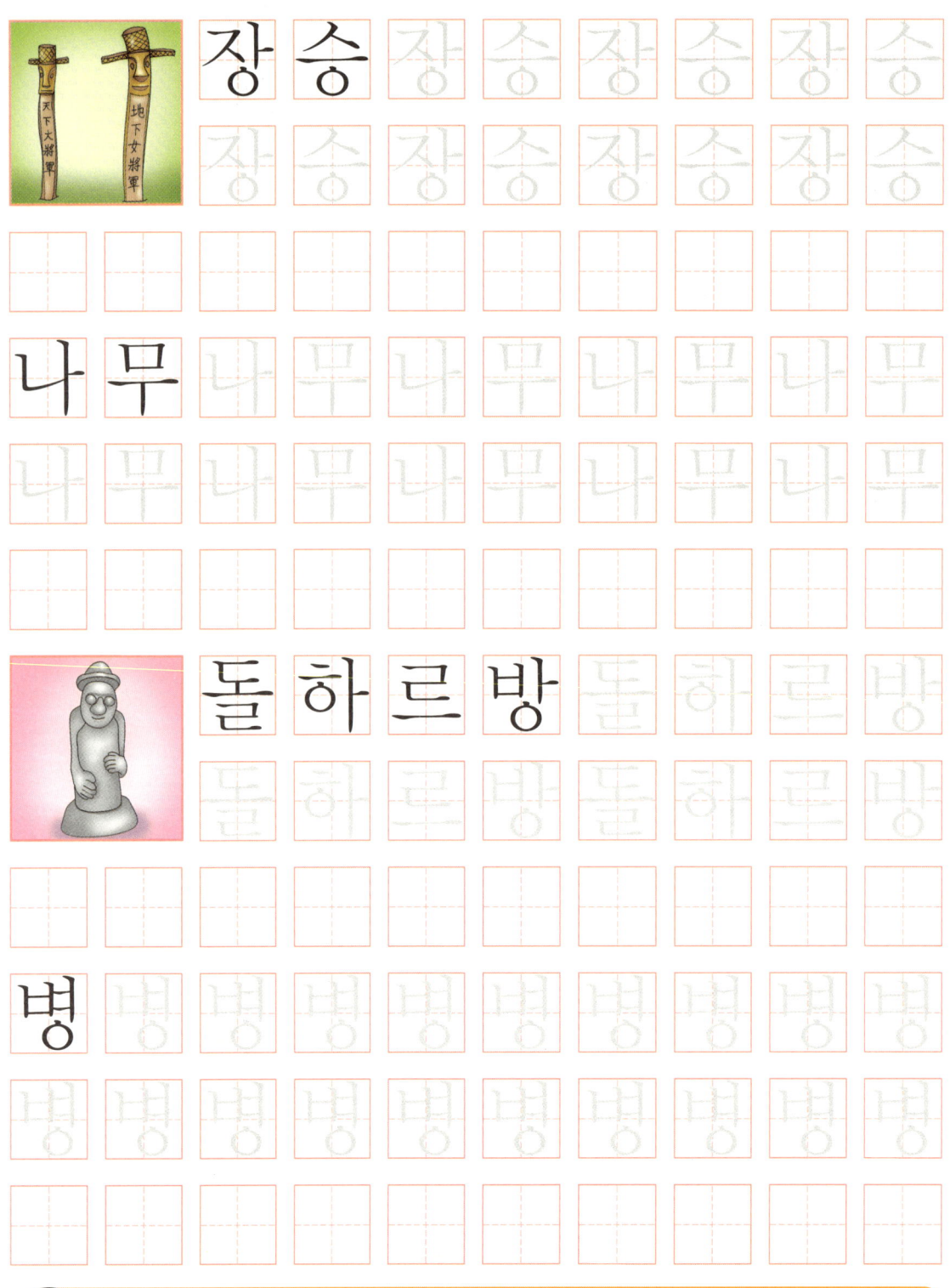

낱말풀이
장승: 돌이나 나무에 사람의 얼굴을 새겨서 마을 또는 절 어귀나 길가에 세운 푯말.
돌하르방: 돌로 만든 할아버지라는 뜻으로, 제주도에서 많이 볼 수 있는 수호신.

읽기 33~35쪽

✏️ 낱말의 뜻에 대하여 알아보고 바르게 따라 써 보세요.

도깨비

기운

나그네

길가

 낱말 풀이
기운: 하늘과 땅 사이에 가득 차서, 만물이 나고 자라는 힘의 근원.
길가: 길의 양쪽 가장자리.

2. 바르게 알려 줘요 / 뜻이 비슷한 낱말 익히기

✏️ 뜻이 비슷한 낱말을 생각하며 바르게 따라 써 보세요.

낱말 풀이
어귀: 드나드는 목의 첫머리.
구실: 자기가 마땅히 해야 할 맡은 바 책임.

읽기 33~37쪽

✏️ 뜻이 비슷한 낱말을 생각하며 바르게 따라 써 보세요.

동무

친구

제일

가장

낱말 풀이
동무: 늘 친하게 어울리는 사람.
제일: 여럿 가운데서 첫째가는 것.

2. 바르게 알려 줘요 / 뜻이 비슷한 낱말 익히기

✏️ 문장을 바르게 따라 써 보세요.

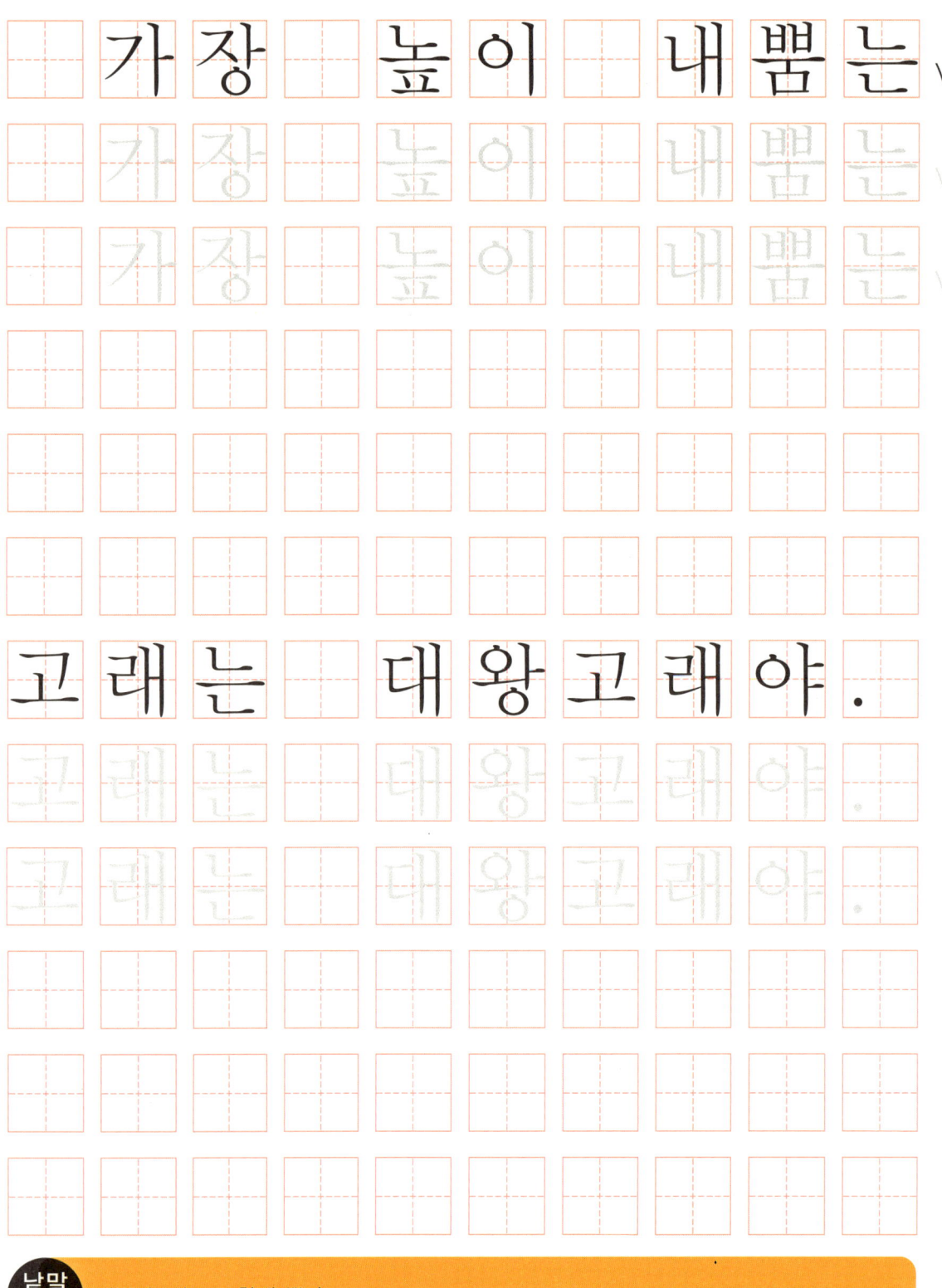

낱말 풀이 내뿜다: 밖으로 향해 뿜다.

읽기 36~37쪽

✏️ 문장을 바르게 따라 써 보세요.

장승을 세운 까닭은 무엇인가요?

까닭: 일이 생기게 된 원인이나 조건.

2. 바르게 알려 줘요 / 소개하는 글과 내용 익히기

✏️ 소개하는 내용을 알아보고, 낱말을 바르게 따라 써 보세요.

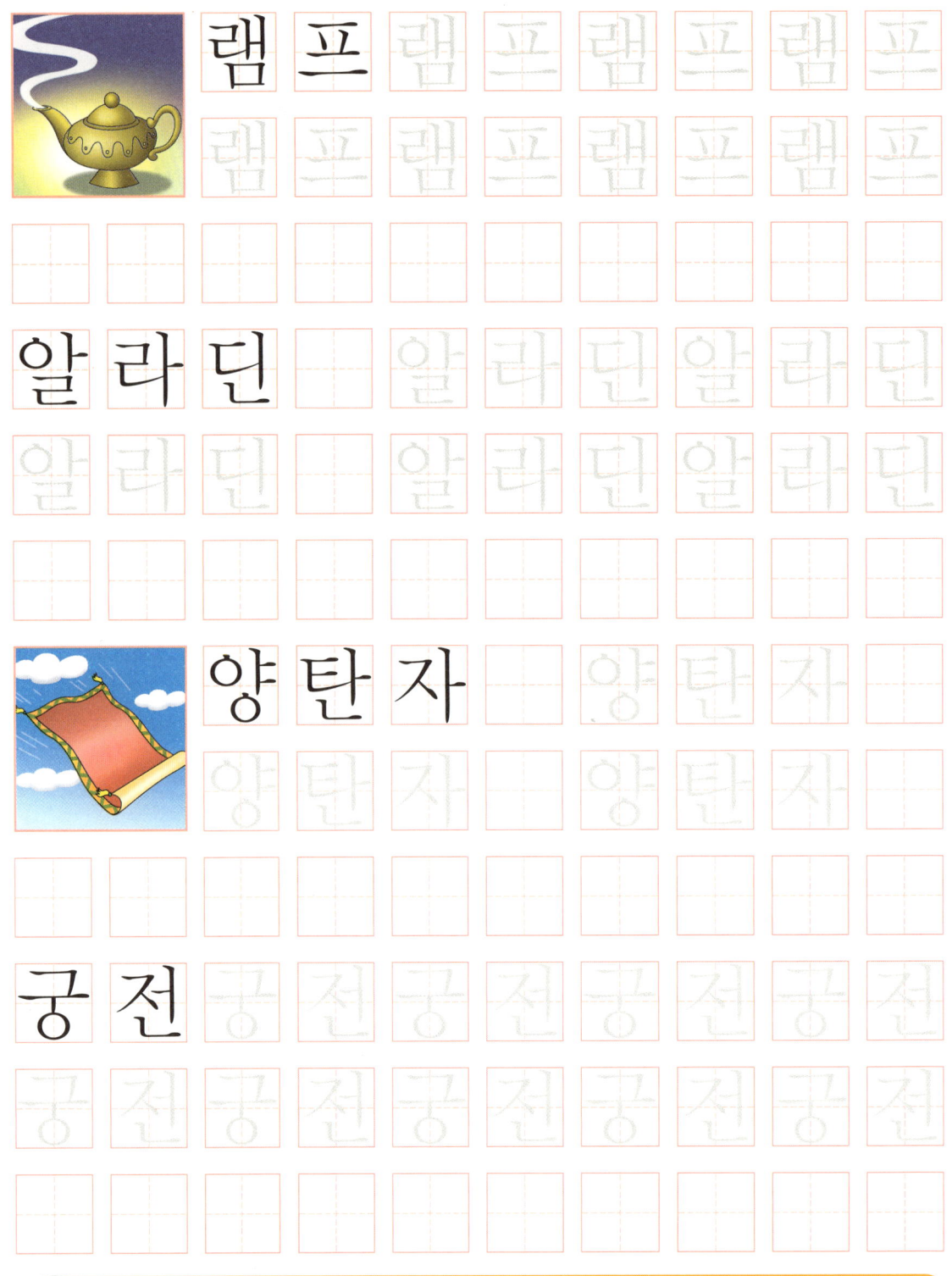

낱말풀이
알라딘: '아라비안나이트' 중의 등장인물, 소원이 성취된다는 이상한 램프를 갖고 있음.
궁전: 왕이 거처하는 집으로 궁궐의 서양적인 표현.

✏️ 소개하는 내용을 알아보고, 낱말을 바르게 따라 써 보세요.

감 투

학 급

도 둑 질

누 리 집

낱말 풀이
학급: 한 교실에서 공부하는 학생의 단위 집단.
누리집: '홈페이지'를 순 우리말로 다듬어 만든 새 낱말 표현.

2. 바르게 알려 줘요 / 소개하는 글과 내용 익히기

✏️ 좋아하는 책을 소개하는 내용을 알아보고, 문장을 바르게 따라 써 보세요.

　책 이름을 알 수
있어요.

　주인공이 누구인지
알 수 있어요.

낱말풀이 주인공: 어떤 일에서 중심이 되거나 주도적인 역할을 하는 사람. 중심이 되는 인물.

쓰기 20~21쪽

✏️ 좋아하는 책을 소개하는 내용을 알아보고, 문장을 바르게 따라 써 보세요.

책의 줄거리를 알 ∨
수 있어요.

꼭 필요한 내용만 ∨
들어 있어요.

낱말 풀이 줄거리: 글의 내용이나 흐름을 알 수 있도록 간추려 정리한 이야기의 골자.

3. 생각을 나타내요 / 인물이 한 일과 낱말 익히기

✏️ 글을 통해 인물이 한 일을 알아보고, 낱말도 바르게 따라 써 보세요.

낱말 풀이
동그라미: 동그랗게 생긴 모양.
찬바람: 냉랭하고 싸늘한 기운이나 느낌을 비유적으로 이르는 말.

읽기 40~47쪽

✏️ 글을 통해 인물이 한 일을 알아보고, 낱말도 바르게 따라 써 보세요.

이방
심술궂은
산딸기
어리둥절

낱말
풀이
이방: 조선 시대에 왕이나 지방 관리의 비서로 실무를 담당한 책임 향리를 이르는 호칭.
심술궂은: 남을 성가시게 하거나 남이 잘못되는 것을 좋아하는 마음이 매우 많은.

3. 생각을 나타내요 / 인물이 한 일과 낱말 익히기

✏️ 글을 통해 인물이 한 일을 알아보고, 낱말도 바르게 따라 써 보세요.

낱말풀이
겨울날: 겨울철의 날. 또는 그 날씨.
고생: 어렵고 고된 일을 겪음. 또는 그런 일이나 생활.

읽기 43~47쪽

✏️ 글을 통해 인물이 한 일을 알아보고, 낱말도 바르게 따라 써 보세요.

독사

이튿날

꾀병

대신

낱말 풀이
이튿날: 어떤 일이 있은 그 다음의 날.
대신: 어떤 대상과 바꾸어서 하게 됨. 또는 그렇게 되는 새로운 대상.

3. 생각을 나타내요 / 문장 부호 익히기

✏️ 글을 통해 인물이 한 일을 알아보고, 문장 부호의 이름과 쓰임을 익혀 보아요.

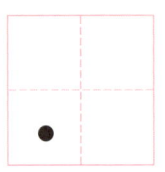 **온점**은 문장의 끝에 씁니다.

세모와 네모가 서로 ✓

자기 자랑을 하였어요.

낱말 풀이
자기: 그 사람 자신.
자랑: 썩 훌륭하거나 남에게 칭찬을 받을 만한 것임을 드러내어 말함.

✏️ 글을 통해 인물이 한 일을 알아보고, 문장 부호의 이름과 쓰임을 익혀 보아요.

 **반점**은 부르는 말이나 대답하는 말 뒤에 씁니다.

그때, 갑자기 비가 내렸어요.

낱말풀이
갑자기: 미처 생각할 겨를도 없이 급히.
비: 대기 중의 수증기가 찬 공기를 만나 식어서 엉기어 땅 위로 떨어지는 물방울.

3. 생각을 나타내요 / 문장 부호 익히기

✏️ 글을 통해 인물이 한 일을 알아보고, 문장 부호의 이름과 쓰임을 익혀 보아요.

 느낌표는 느낌을 나타내는 문장의 끝에 씁니다.

"산딸기를 어디서

구한단 말인가!"

낱말 풀이
산딸기: 산딸기나무의 열매.
구하다: 필요한 것을 찾거나 또는 그렇게 하여 얻다.

읽기 43~47쪽

글을 통해 인물이 한 일을 알아보고, 문장 부호의 이름과 쓰임을 익혀 보아요.

 **물음표**는 묻는 문장의 끝에 씁니다.

"한겨울에 독사가

어디 있단 말이냐?"

낱말풀이
한겨울: 한창 추위가 심한 겨울.
독사: 이빨에 독이 있어 독액을 분비하는 뱀.

읽기 48~50쪽

✏️ 글을 통해 인물의 생각과 까닭을 알아보고, 낱말도 바르게 따라 써 보세요.

낱말풀이
예전: 꽤 오래된 지난날.
기분: 마음에 절로 생기며 한동안 지속되는, 유쾌함이나 불쾌함 따위의 감정.

3. 생각을 나타내요 / 생각과 까닭이 나타난 글

✏️ 글을 통해 인물의 생각과 까닭을 알아보고, 문장도 바르게 따라 써 보세요.

"쓰레기도 물을 오염시키지요?"

낱말풀이 오염: 지저분하고 해롭거나 더럽게 물듦.

✏️ 글을 통해 인물의 생각과 까닭을 알아보고, 문장도 바르게 따라 써 보세요.

"쓰레기를 함부로 ✓

버리면 안 된단다."

 낱말 풀이 함부로: 조심하거나 깊이 생각하지 아니하고 마음 내키는 대로 마구.

3. 생각을 나타내요 / 생각과 까닭이 나타난 글

✏️ 글을 통해 인물의 생각과 까닭을 알아보고, 문장도 바르게 따라 써 보세요.

경치가 아름다운

집을 꾸며 보자.

낱말풀이 경치: 산이나 들, 강, 바다 따위의 자연이나 지역의 풍경.

읽기 51~54쪽

✏️ 글을 통해 인물의 생각과 까닭을 알아보고, 문장도 바르게 따라 써 보세요.

　예쁜　꽃과　나무를 ✓

볼　수　있잖아요.

 낱말 풀이 예쁜: 보기에 귀엽고 사랑스러운.

3. 생각을 나타내요 / 부탁하는 글쓰기 방법

✏️ 부탁하는 글을 쓸 때 주의할 점을 알아보고, 바르게 따라 써 보세요.

읽는 사람의 마음
을 생각하여야 해요.

예의 바른 말을

사용하여야 합니다.

 낱말 풀이
마음: 사람이 본래부터 지닌 성격이나 품성.
예의: 존경의 뜻을 표하기 위하여 예로써 나타내는 말투나 몸가짐.

쓰기 31~41쪽

✏️ 부탁하는 글을 쓸 때 주의할 점을 알아보고, 바르게 따라 써 보세요.

　내용과　까닭을　자
세히　씁니다.

　무리한　부탁을　해
서는　안　됩니다.

무리한: 도리나 이치에 맞지 않거나 정도에서 지나치게 벗어남.

4. 마음을 주고받으며 / 마음이 나타난 부분 익히기

✏️ 시에 나타난 마음을 알아보고, 낱말을 바르게 따라 써 보세요.

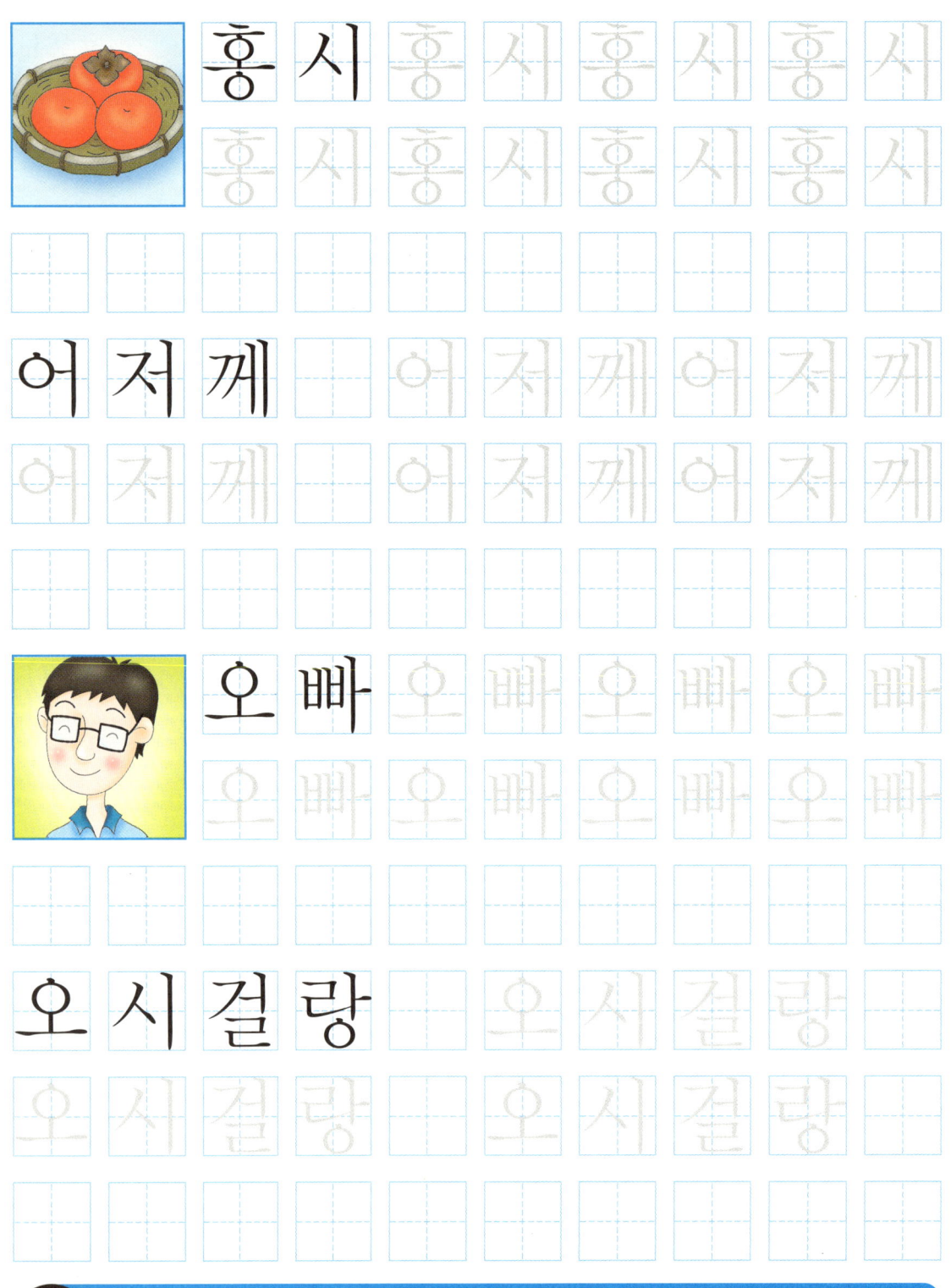

낱말 풀이
어저께: 어제.
오시걸랑: 말하는 사람 혹은 기준이 되는 사람이 있는 쪽으로 움직여 위치를 옮기면.

읽기 58~63쪽

✏️ 마음이 나타난 부분을 생각하며 낱말을 바르게 따라 써 보세요.

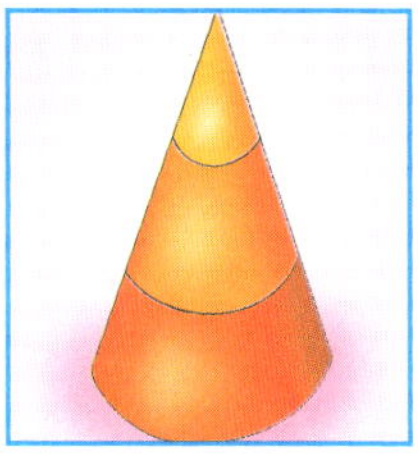

고 깔

경 기

전 달

눈 길

 낱말 풀이
경기: 일정한 규칙 아래 기량과 기술을 겨룸. 또는 그런 일.
고깔: 중이나 무당 또는 농악대들이 머리에 쓰는, 위 끝이 뾰족하게 생긴 모자.

4. 마음을 주고받으며 / 마음이 나타난 부분 익히기

✏️ 마음이 나타난 부분을 생각하며 문장을 바르게 따라 써 보세요.

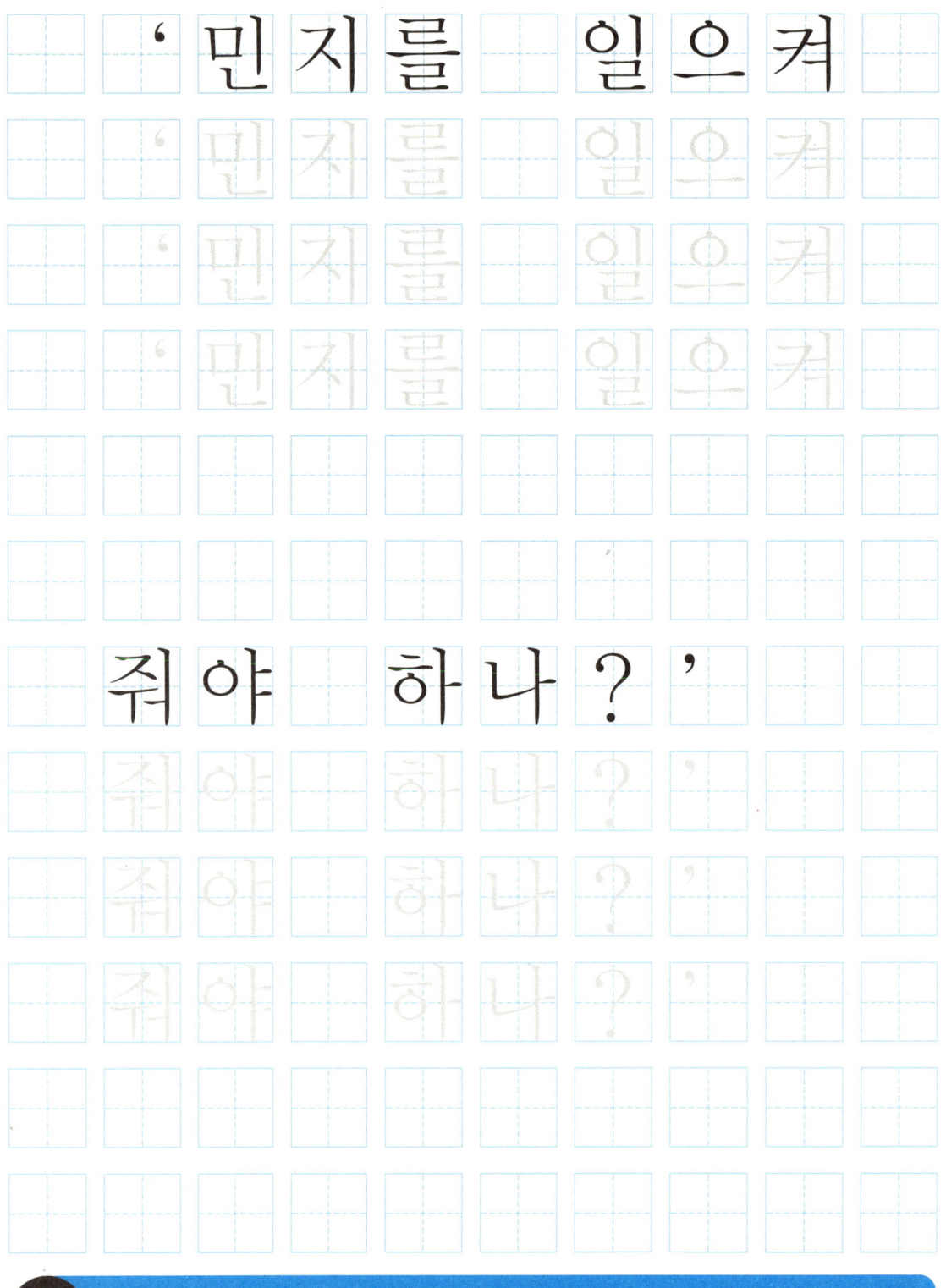

낱말 풀이 일으켜: 일으키다. 일어나게 하다.

읽기 60~63쪽

✏️ 마음이 나타난 부분을 생각하며 문장을 바르게 따라 써 보세요.

민지는 나에게 눈

길도 주지 않았다.

눈길: 눈이 가는 곳. 또는 눈으로 보는 방향.

4. 마음을 주고받으며 / 마음을 생각하며 낱말 익히기

✏️ 글을 읽고, 글쓴이의 마음을 생각하며 낱말도 바르게 따라 써 보세요.

낱말풀이
보따리: 보자기에 물건을 싸서 꾸린 뭉치.
도착: 목적한 곳에 다다름.

읽기 64~72쪽

✏️ 인물의 마음을 생각하며 실감나게 읽고, 낱말도 바르게 따라 써 보세요.

백두산

외딴

약초

품삯

 낱말 풀이
외딴: 외따로 떨어져 있는.
품삯: 품을 판 대가로 받거나, 품을 산 대가로 주는 돈이나 물건.

4. 마음을 주고받으며 / 마음을 생각하며 낱말 익히기

✏️ 인물의 마음을 생각하며 실감나게 읽고, 낱말도 바르게 따라 써 보세요.

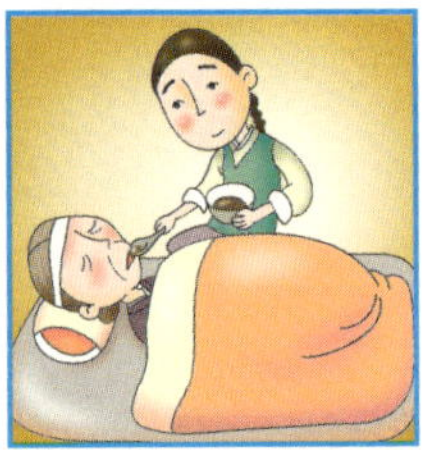

지극한

정성

노인

가난

낱말 풀이
정성: 온갖 힘을 다하려는 참되고 성실한 마음.
가난: 살림살이가 넉넉하지 못하고 쪼들림. 또는 그런 상태.

읽기 67~73쪽

인물의 마음을 생각하며 실감나게 읽고, 낱말도 바르게 따라 써 보세요.

호호백발

지혜로운

장생초

험한

 낱말 풀이
지혜로운: 사물의 이치를 빨리 깨닫고 정확하게 처리하는 정신적 능력이 있다.
험한: 땅의 형세가 발을 디디기 어려울 만큼 사납고 가파르다.

4. 마음을 주고받으며 / 마음을 생각하며 낱말 익히기

✏️ 인물의 마음을 생각하며 실감나게 읽고, 낱말도 바르게 따라 써 보세요.

거 절 거 절 거 절 거 절 거 절
거 절 거 절 거 절 거 절 거 절

곤 장 곤 장 곤 장 곤 장 곤 장
곤 장 곤 장 곤 장 곤 장 곤 장

계 곡 계 곡 계 곡 계 곡 계 곡
계 곡 계 곡 계 곡 계 곡 계 곡

혹 시 혹 시 혹 시 혹 시 혹 시
혹 시 혹 시 혹 시 혹 시 혹 시

낱말풀이
곤장: 옆길로 빠지지 아니하고 곧바로.
혹시: 그러할 리는 없지만 만일에.

66

읽기 67~73쪽

✏️ 인물의 마음을 생각하며 실감나게 읽고, 낱말도 바르게 따라 써 보세요.

열매

부탁

자리

정신

 부탁: 어떤 일을 해 달라고 청하거나 맡김. 또는 그 일거리.
정신: 육체나 물질에 대립되는 영혼이나 마음.

4. 마음을 주고받으며 / 마음이 나타난 글의 문장

✏️ 인물의 마음을 생각하며 실감나게 읽고, 문장도 바르게 따라 써 보세요.

가장 지혜로운 노인을 찾아갔습니다.

낱말풀이 노인: 나이가 들어 늙은 사람.

📖 인물의 마음을 생각하며 실감나게 읽고, 문장도 바르게 따라 써 보세요.

높고 험한 산을

어찌 간단 말인가!

 낱말 풀이 어찌: 어떠한 방법으로.

4. 마음을 주고받으며 / 마음이 나타난 글의 문장

인물의 마음을 생각하며 실감나게 읽고, 문장도 바르게 따라 써 보세요.

'장생초를 구할 수 없단 말인가!'

낱말 풀이 장생초: 병을 낫게 해 주는 약초.

읽기 67~73쪽

✏️ 인물의 마음을 생각하며 실감나게 읽고, 문장도 바르게 따라 써 보세요.

'어머니의 병을 낫게 해 드리게.'

낱말
풀이
낫게: 병이나 상처 따위 몸의 이상이 없어지게.

4. 마음을 주고받으며 / 초대하는 글쓰기 방법

✏️ 초대하는 글을 쓸 때 주의할 점을 알아보고, 바르게 따라 써 보세요.

　글에　들어가야　할 ✓

　내용을　모두　썼나요?

낱말
풀이
내용: 글에서 전달하고자 하는 것이 표현 속에 들어 있는 것. 또는 전하고자 하는 것.

쓰기 48~52쪽

✏️ 초대하는 글을 쓸 때 주의할 점을 알아보고, 바르게 따라 써 보세요.

초대하는 내용이

잘 드러나 있나요?

글에서 잘못된 표

현이 없나요?

 초대: 어떤 모임에 참가해 줄 것을 청함. 또는 사람을 불러 대접함.

읽기 76~77쪽

✏️ 글의 내용을 정리하는 방법을 알아보고, 낱말도 바르게 따라 써 보세요.

뒤집기

지역

쳐 내기

상대방

낱말
풀이
지역: 전체 사회를 어떤 특징으로 나눈 일정한 공간 영역. 또는 행정구역상의 구분.
상대방: 상대편.

읽기 78~80쪽

✏️ 내용을 정리하며 글을 읽고, 낱말도 바르게 따라 써 보세요.

영구치

간니

충치

보통

| 낱말
풀이 | 간니: 젖니가 빠진 뒤에 나는 이.
보통: 특별하지 아니하고 흔히 볼 수 있어 평범함. 또는 중간 정도. |

5. 어떻게 정리할까요? / 내용을 정리하는 방법과 문장

✏️ 내용을 정리하며 글을 읽고, 문장도 바르게 따라 써 보세요.

깨끗이 닦는 습관을 가져야 합니다.

낱말 풀이
깨끗이: 깨끗하고 청결한.
습관: 어떤 행위를 오랫동안 되풀이하는 과정에서 저절로 익혀진 행동 방식.

읽기 78~80쪽

✏️ 내용을 정리하며 글을 읽고, 문장도 바르게 따라 써 보세요.

젖니가 빠지면 새

로운 이가 생깁니다.

 젖니: 유아기에 사용한 뒤 갈게 되어 있는 이.

5. 어떻게 정리할까요? / 낱말 사이의 관계 익히기

✏️ 낱말 사이의 관계를 알아보고, 낱말도 바르게 따라 써 보세요.

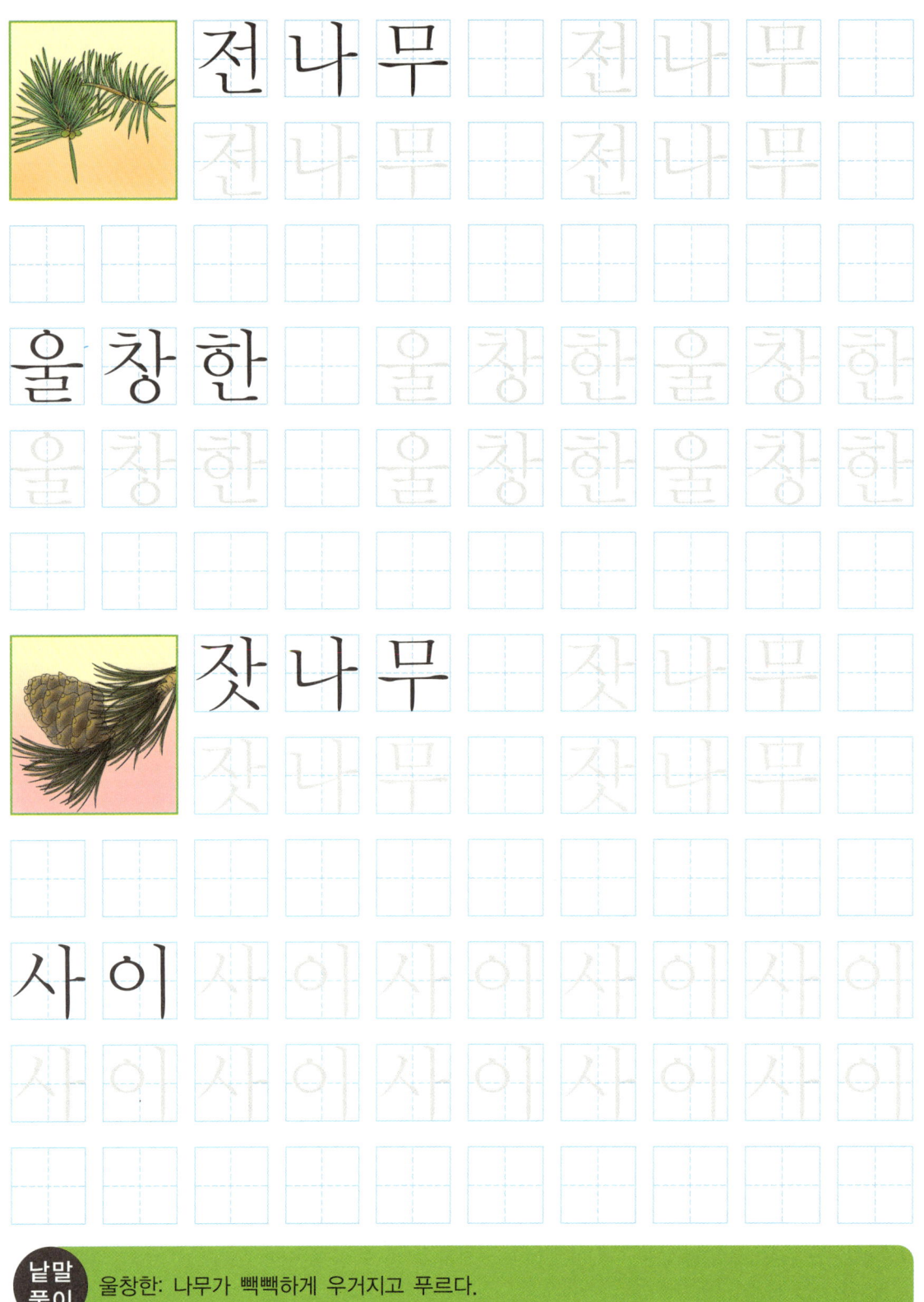

낱말 풀이
울창한: 나무가 빽빽하게 우거지고 푸르다.

읽기 81~83쪽

✏️ 낱말 사이의 관계를 알아보고, 낱말도 바르게 따라 써 보세요.

소나무

향

수목원

숲

낱말풀이
향: 향기나 냄새.
숲: '수풀'의 준말로 나무가 우거진.

5. 어떻게 정리할까요? / 낱말 사이의 관계 익히기

✏️ 낱말 사이의 관계를 알아보고, 낱말도 바르게 따라 써 보세요.

낱말풀이
주변: 어떤 대상의 둘레.
흔히: 그 수가 많아 자주 접하거나 흔하게 볼 수 있는.

읽기 81~83쪽

✏️ 낱말 사이의 관계를 알아보고, 낱말도 바르게 따라 써 보세요.

패랭이꽃

상추

오솔길

고추

풀이
상추: 국화과의 한해살이풀로 부드럽게 어긋나 자란 잎을 따서 쌈으로 싸서 먹는 채소.
고추: 흰 꽃이 피어 초록의 열매가 자라 빨갛게 익으면 음식의 양념으로 많이 쓴다.

5. 어떻게 정리할까요? / 낱말 사이의 관계 익히기

✏️ 낱말 사이의 관계를 생각하며 낱말도 바르게 따라 써 보세요.

| 낱말풀이 | 천연: 사람의 힘을 가하지 아니한 자연의 상태.
천: 실로 짠, 옷이나 이부자리 따위의 감이 되는 물건. |

읽기 84~86쪽

✏️ 낱말 사이의 관계를 생각하며 낱말도 바르게 따라 써 보세요.

염	료
쪽	
치	자
먹	물

낱말풀이
쪽: 중국, 인도차이나가 원산지인 한해살이풀. 잎은 염료로 널리 쓰는 식물.
먹물: 벼루에 먹을 갈아 만든 검은 물.

5. 어떻게 정리할까요? / 낱말 사이의 관계 익히기

✏️ 낱말 사이의 관계를 생각하며 문장도 바르게 따라 써 보세요.

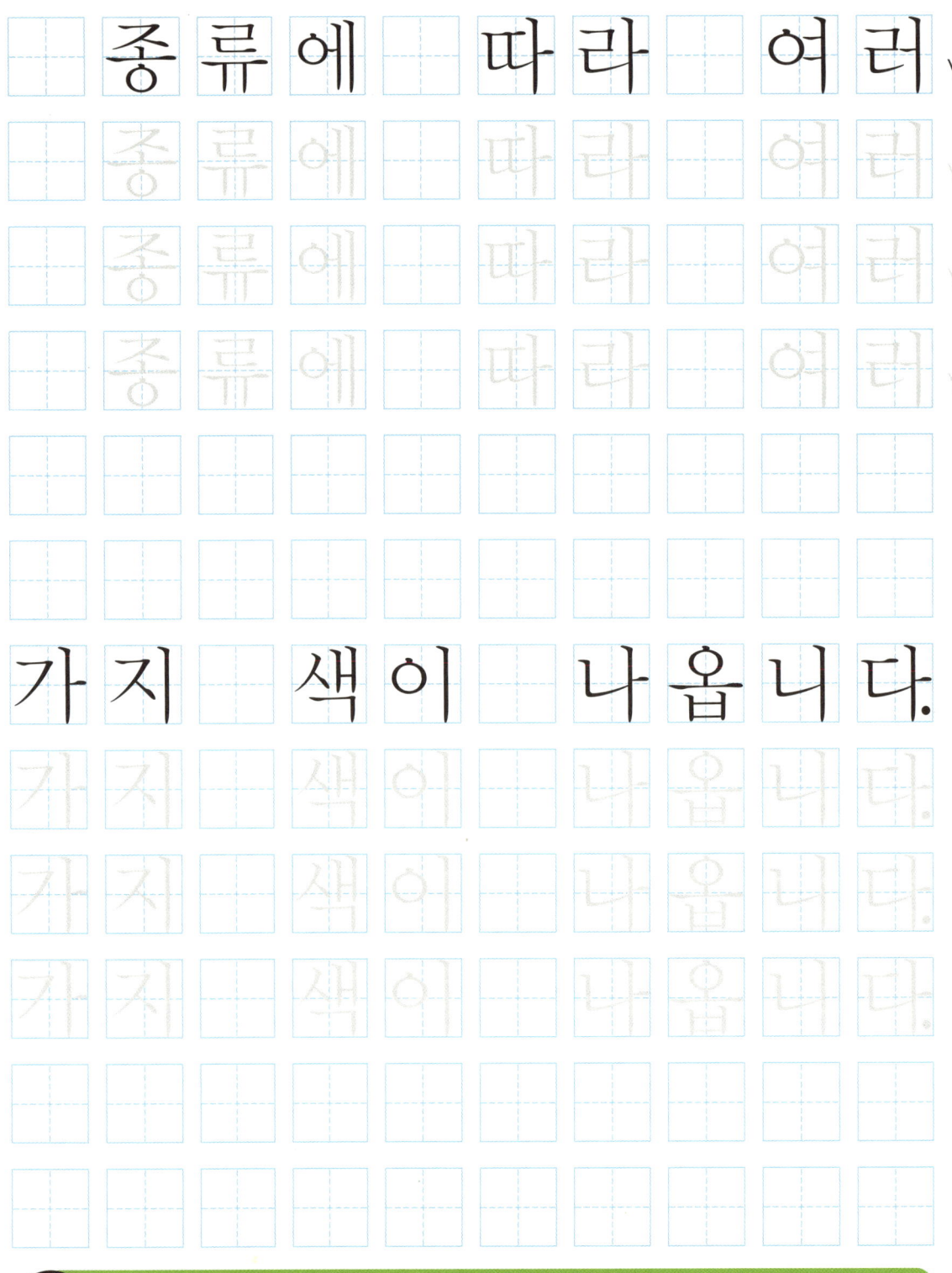

낱말 풀이
종류: 사물의 부문을 나누는 갈래.
색: 빨강, 파랑, 노랑 따위로 보이는 빛. 또는 그것을 나타내는 물감 따위의 안료.

✏️ 딱지치기를 해 본 경험을 떠올리며 문장도 바르게 따라 써 보세요.

　내 것을 치려고 할 때 가슴이 조마조마한다.
　딱지가 홀딱 넘어갈 때 나는 내가 넘어가는 것 같다.

낱말
풀이
조마조마: 닥쳐올 일에 대하여 염려가 되어 마음이 초조하고 불안한 모양.
홀딱: 조금 빠르게 뒤집거나 뒤집히는 모양.

5. 어떻게 정리할까요? / 설명하는 글쓰기 방법

✏️ 설명하는 글을 쓰는 방법에 대하여 알아보고, 바르게 따라 써 보세요.

어떤 내용을 설명할지 생각해야 해요.

중요한 것을 간추려 써야 해요.

낱말 풀이 간추리다: 글 따위에서 중요한 점만을 골라 간략하게 정리하다.

쓰기 60~65쪽

✏️ 설명하는 글을 쓰는 방법에 대하여 알아보고, 바르게 따라 써 보세요.

재미있는 제목을

붙이면 좋습니다.

내용을 사실대로

써야 합니다.

낱말
풀이
자세히: 작고 세세한 부분까지 분명하게.
사실대로: 실제로 있었던 일이나 현재에 있는 그대로.

6. 하고 싶은 말 / 의견을 생각하며 낱말 익히기

✏️ 글쓴이의 의견을 생각하며, 낱말을 바르게 따라 써 보세요.

낱말풀이
자주: 같은 일을 잇따라 잦게.
어른: 다 자란 사람. 또는 다 자라서 자기 일에 책임을 질 수 있는 사람.

✏️ 글쓴이의 의견을 생각하며, 낱말을 바르게 따라 써 보세요.

쓰레기

휠씬

기구

제때

낱말풀이
휠씬: 정도 이상으로 많거나 적게.
제때: 일이 있는 그때. 또는 알맞은 때.

6. 하고 싶은 말 / 의견을 생각하며 문장 익히기

✏️ 글쓴이의 의견을 생각하며, 문장을 바르게 따라 써 보세요.

낱말풀이 쓰레기통: 쓰레기를 담거나 모아 두는 통.

읽기 92~94쪽

✏️ 글쓴이의 의견을 생각하며, 문장을 바르게 따라 써 보세요.

쓰레기가 더 많이

생기게 됩니다.

낱말풀이 쓰레기: 비로 쓸어 내는 먼지나 내다 버릴 물건을 통틀어 이르는 말.

6. 하고 싶은 말 / 의견이 다른 낱말과 문장

✏️ 의견이 어떻게 다른지 알아보고, 낱말을 바르게 따라 써 보세요.

낱말풀이
넓히자: 규모나 범위를 넓게 하자.
말씀: 남의 말을 높여 이르는 말.

읽기 95~97쪽

✏️ 의견이 어떻게 다른지 알아보고, 낱말을 바르게 따라 써 보세요.

결정

불편

공기

지난번

 지난번: 말하는 때 이전의 지나간 차례나 때.

6. 하고 싶은 말 / 의견이 다른 낱말과 문장

✏️ 의견이 어떻게 다른지 알아보고, 문장을 바르게 따라 써 보세요.

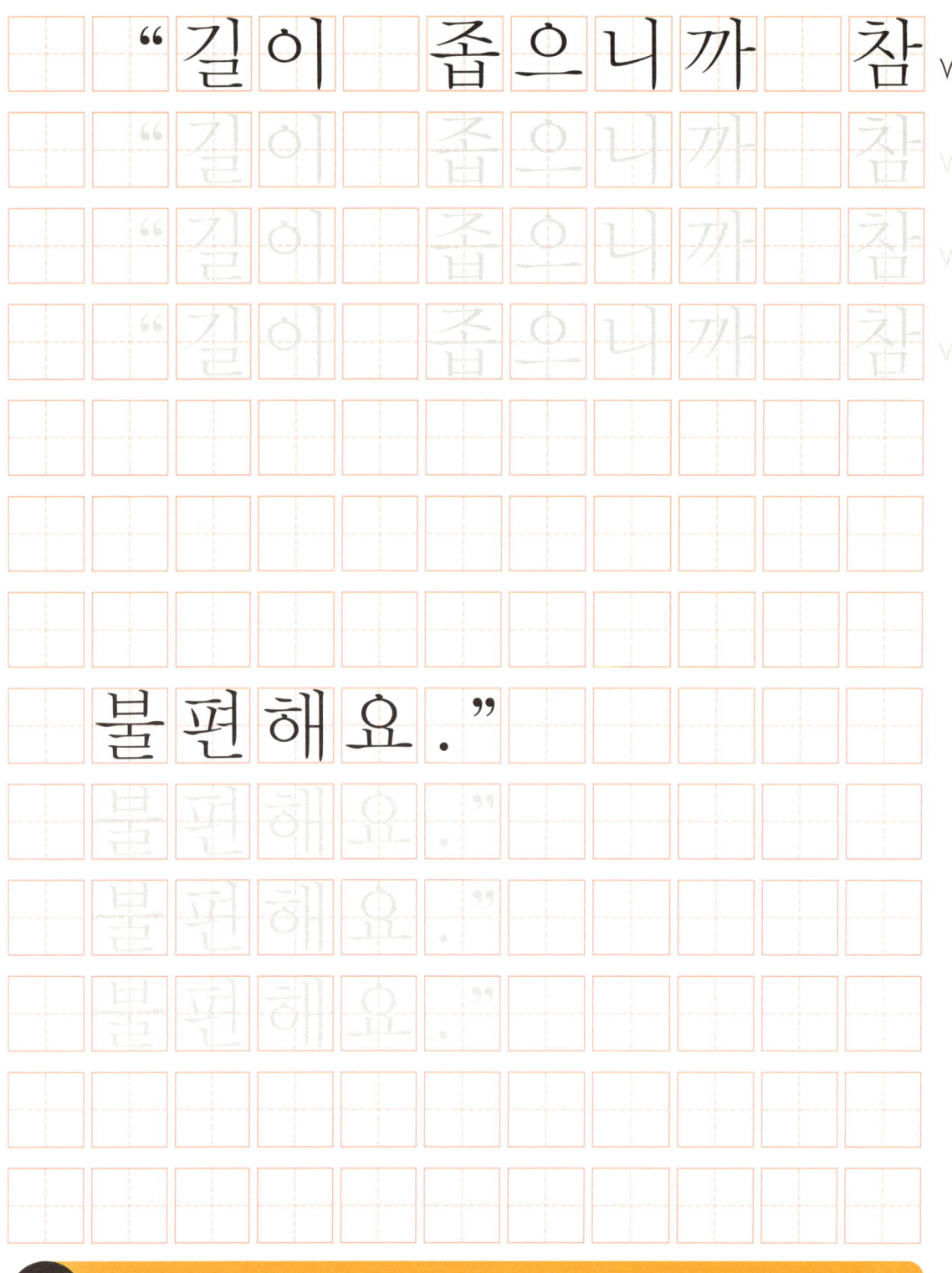

"길이 좁으니까 참 불편해요."

낱말풀이 불편: 어떤 것을 사용하거나 이용하는 것이 거북하거나 괴로움.

읽기 95~97쪽

✏️ 의견이 어떻게 다른지 알아보고, 문장을 바르게 따라 써 보세요.

"나무를 베어 내면

공기도 나빠져요."

낱말
풀이
베다: 날이 있는 연장 따위로 무엇을 끊거나 자르거나 가르다.
공기: 지구를 둘러싼 대기를 구성하는 무색, 무취의 투명한 기체.

6. 하고 싶은 말 / 의견이 다른 낱말과 문장

✏️ 의견이 어떻게 다른지 알아보고, 낱말을 바르게 따라 써 보세요.

낱말 풀이
아씨: 아랫사람들이 젊은 부녀자를 높여 이르는 말.
동무: 늘 친하게 어울리는 사람.

읽기 98~102쪽

✏️ 의견이 어떻게 다른지 알아보고, 낱말을 바르게 따라 써 보세요.

바늘

낮잠

실

부인

| 낱말풀이 | 낮잠: 낮에 자는 잠.
부인: 남의 아내를 높여 이르는 말. |

6. 하고 싶은 말 / 의견이 다른 낱말과 문장

✏️ 의견이 어떻게 다른지 알아보고, 낱말을 바르게 따라 써 보세요.

| 낱말풀이 | 삐쭉: 비웃거나, 성내거나, 불평을 나타낼 때 아랫입술을 쑥 내미는 모양.
새침데기: 새침한 성격을 지닌 사람. |

읽기 98~102쪽

✏️ 의견이 어떻게 다른지 알아보고, 낱말을 바르게 따라 써 보세요.

골무

코웃음

인두

홍실

낱말풀이
코웃음: 콧소리를 내거나 코끝으로 가볍게 웃는 비난조의 웃음.
홍실: 붉은 빛깔의 실.

6. 하고 싶은 말 / 의견이 다른 낱말과 문장

✏️ 글쓴이의 의견을 생각하며, 문장을 바르게 따라 써 보세요.

중요함으로 치면 나

만 한 이가 또 없지.

낱말풀이 중요한: 귀중하고 요긴함.

읽기 98~102쪽

📝 글쓴이의 의견을 생각하며, 문장을 바르게 따라 써 보세요.

실이 있어야 바늘이

일을 할 수 있어.

낱말 풀이
실: 고치, 털, 솜, 삼 따위나 화학 원료를 써서 가늘고 길게 뽑아 만든 것.
바늘: 옷 따위를 짓거나 꿰매는 데 쓰는, 가늘고 끝이 뾰족한 물건.

6. 하고 싶은 말 / 주장하는 글쓰기 방법

✏️ 주장하는 글에 대하여 생각해 보고 문장을 바르게 따라 써 보세요.

읽는 사람을 생각하면서 씁니다.

자신의 주장이 분명히 드러나게 씁니다.

낱말풀이
주장: 자기의 의견이나 주의를 굳게 내세움. 또는 그런 의견이나 주의.
분명: 틀림없이 확실하게.

쓰기 74~77쪽

✏️ 주장하는 글에 대하여 생각해 보고 문장을 바르게 따라 써 보세요.

　　내　주장을　뒷받침할 ∨

만한　까닭을　썼나요?

　　모든　글자를　바르게 ∨

고쳐　썼나요?

낱말
풀이
뒷받침: 뒤에서 지지하고 도와주는 일. 또는 그런 사람이나 물건.
까닭: 일이 생기게 된 원인이나 조건.

6. 하고 싶은 말 / 주장하는 글쓰기 방법

✏️ 주장하는 글에 대하여 생각해 보고 문장을 바르게 따라 써 보세요.

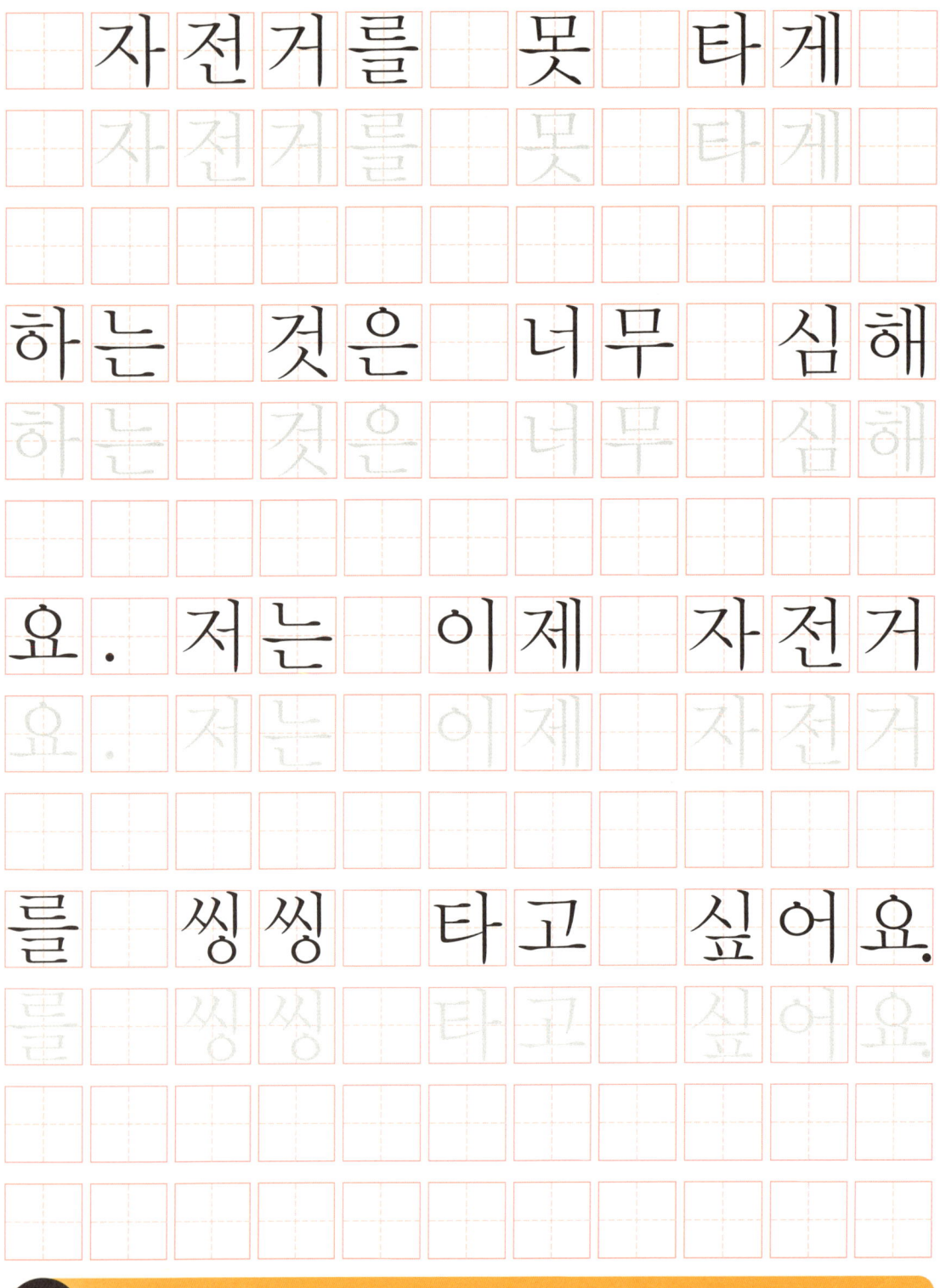

자전거를 못 타게 하는 것은 너무 심해요. 저는 이제 자전거를 씽씽 타고 싶어요.

낱말풀이
이제: 바로 이때.
씽씽: 사람이나 물체가 바람을 일으킬 만큼 잇따라 빠르게 움직일 때 나는 소리나 모양.

쓰기 74~77쪽

✏️ 주장하는 글에 대하여 생각해 보고 문장을 바르게 따라 써 보세요.

자전거를 타면 건강에도 좋아요.

타는 연습을 많이 해야 실력이 늘어요.

낱말 풀이
연습: 학문이나 기예 따위를 익숙하도록 되풀이하여 익힘.
실력: 실제로 갖추고 있는 힘이나 능력.

7. 재미가 솔솔 / 느낌을 살려 읽고 익히기

✏️ 느낌을 살려 시를 읽고, 낱말을 바르게 따라 써 보세요.

낱말풀이
쟁반: 동글납작하거나 네모난, 넓고 큰 그릇. 보통 그릇을 받쳐 드는 데에 쓴다.
남산: 도성의 남쪽에 있는 산.

✏️ 느낌을 살려 시를 읽고, 낱말을 바르게 따라 써 보세요.

향깃한

화안한

군침

양지짝

 낱말풀이
화안한: 부드럽고 온화하여 기쁜 빛이 도는 얼굴. 또는 빛이 비치어 맑고 밝은.
※시어에 쓰인 낱말들은 표준어가 아니어도 느낌을 살려 표현한 것으로서 교과서 내용 그대로 따라쓰게 하였습니다.

7. 재미가 솔솔 / 느낌을 살려 읽고 익히기

✏️ 느낌을 살려 시를 읽고, 낱말을 바르게 따라 써 보세요.

새 장

얽 어

교 문

재 조 잘

얽어: 노끈이나 줄 따위로 이리저리 걸다.
재조잘: 이야기 소리를 표현한 의성어.

읽기 108~114쪽

✏️ 이어질 이야기를 알아보고, 낱말도 바르게 따라 써 보세요.

너구리

물구나무

노루

땅바닥

 낱말
풀이
물구나무: 손으로 바닥을 짚고 발로 땅을 차서 몸을 거꾸로 하여 서다.
땅바닥: 땅의 맨바닥.

7. 재미가 솔솔 / 이어질 이야기와 문장

✏️ 이어질 이야기를 알아보고, 문장도 바르게 따라 써 보세요.

　손으로　땅을　짚고 ✓

물구나무섰습니다.

　웬일인지　몸이　말

을　듣지　않았습니다.

낱말풀이 웬일인지: 어찌 된 일인지. 의외의 뜻을 나타냄.

읽기 112~114쪽

✏️ 이어질 이야기를 알아보고, 문장도 바르게 따라 써 보세요.

"임금이 되신 것을 축하합니다."

똑바로 서려고 안간힘을 썼습니다.

 낱말풀이 안간힘: 어떤 일을 이루기 위해서 몹시 애쓰는 힘.

7. 재미가 솔솔 / 이어질 내용과 낱말

✏️ 이야기를 읽고, 뒷이야기를 상상하며 낱말도 바르게 따라 써 보세요.

번갯불

고먹고먹

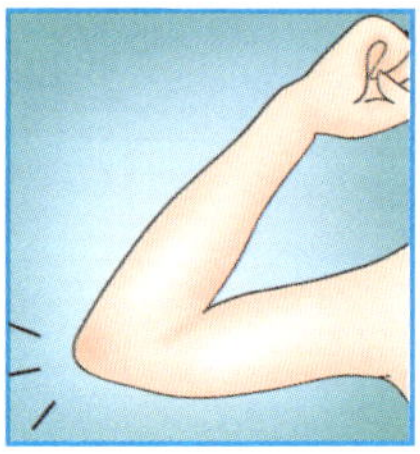

팔꿈치

작문

낱말풀이
고먹고먹: 눈을 가볍게 자꾸 감았다 떴다 하는 모양을 이르는 말.
작문: 글을 지음. 또는 지은 글.

읽기 115~120쪽

이야기를 읽고, 뒷이야기를 상상하며 낱말도 바르게 따라 써 보세요.

이 마

천 장

왕 눈

머 릿 속

천장: 건물 내부에서 보이는 지붕 안쪽 부분.
머릿속: 상상이나 생각이 이루어지는 머리 안의 추상적인 공간.

7. 재미가 솔솔 / 이어질 내용과 문장

이야기를 읽고, 뒷이야기를 상상하며 문장도 바르게 따라 써 보세요.

멀거니 바라보는

아이도 있었습니다.

 낱말풀이 멀거니: 정신없이 물끄러미 보고 있는 모양.

읽기 115~120쪽

✏️ 이야기를 읽고, 뒷이야기를 상상하며 문장도 바르게 따라 써 보세요.

별로   신통한   생각

이   솟지   않았습니다.

낱말
풀이
신통한: '신통하다'에서 온 말로 신기할 정도로 통하는 초인적인 능력.
솟다: 힘이나 의욕이 생기다.

7. 재미가 솔솔 / 이어질 내용과 문장

✏️ 이야기를 읽고, 뒷이야기를 상상하며 문장도 바르게 따라 써 보세요.

아까 미술 시간의 ✓

일이 생각났습니다.

낱말 풀이 아까: 조금 전

✏️ 이야기를 읽고, 뒷이야기를 상상하며 문장도 바르게 따라 써 보세요.

오무려 싸서 감추

어 버렸습니다.

 낱말 풀이 오무려: 가장자리 끝을 안쪽으로 모으다.

7. 재미가 솔솔 / 이어질 내용과 문장

✏️ 이어질 이야기를 알아보고, 낱말도 바르게 따라 써 보세요.

낱말풀이
흙탕물: 흙이 풀리어 몹시 흐려진 물.
강물: 강에 흐르는 물.

쓰기 82~85쪽

✏️ 이어질 이야기를 알아보고, 낱말도 바르게 따라 써 보세요.

물 결

호 들 갑

발 버 둥

뿌 옇 게

 낱말 풀이
호들갑: 경망스럽고 야단스러운 말이나 행동.
뿌옇게: 연기나 안개가 낀 것처럼 선명하지 못하고 좀 허옇게.

7. 재미가 솔솔 / 이어질 내용과 문장

이어질 이야기를 알아보고, 문장도 바르게 따라 써 보세요.

물새들도 덩달아

호들갑을 떨었습니다.

낱말풀이 덩달아: 실속도 모르고 남이 하는 대로 좇아서 하다.

이어질 이야기를 알아보고, 문장도 바르게 따라 써 보세요.

울면서 물속을 헤집고 다녔습니다.

낱말 풀이 헤집고: 긁어 파서 뒤집어 흩다.

7. 재미가 솔솔 / 이어질 내용과 문장

✏️ 이어질 내용를 상상하며 문장도 바르게 따라 써 보세요.

　엄마를　기다리니?

발　시리겠다.

낱말
풀이

시리다: 몸의 한 부분이 찬 기운으로 인해 추위를 느낄 정도로 차다.

✏️ 이어질 내용을 상상하며 문장도 바르게 따라 써 보세요.

감기 걸리겠다. 집
에 들어가거라.

**낱말
풀이** 감기: 바이러스로 걸리는 호흡기 계통의 병으로 코가 막히고 열이 나며 머리가 아프다.